JE NE SUIS PAS UN CHIEN!
MOI NON PLUS...

W0469340

A CHAQUE FOIS C'EST LA MÊME CHOSE ; JE VOIS LA PÂTÉE ET J'OUBLIE LA MARCHE!

TA MÈRE AURAIT FAUTÉ, ET TU NE SAIS PAS AVEC QUI, DIS-TU ?
NON. C'EST UN SECRET... ELLE NE VEUT PAS QUE ÇA SE SACHE !

– DEMOCRATIE PARTICIPATIVE –

CHIEN AIMANT

C'EST CE QU'ON APPELLE L'ÉNERGIE DU RÂBLE... PAS VRAI LAPINOU ?

ÇA VEUT DIRE QUOI, J'AI UN CARACTÈRE UN PEU TROP CARRÉ POUR TOI ?

- HISTOIRE PORTUGAISE -

- CHIEN VENTRILOQUE -

OUI, J'AI VIDÉ LE FRIGO, OUI, JE VAIS ME PRENDRE UNE ROUSTE... MAIS JE NE REGRETTE PAS...

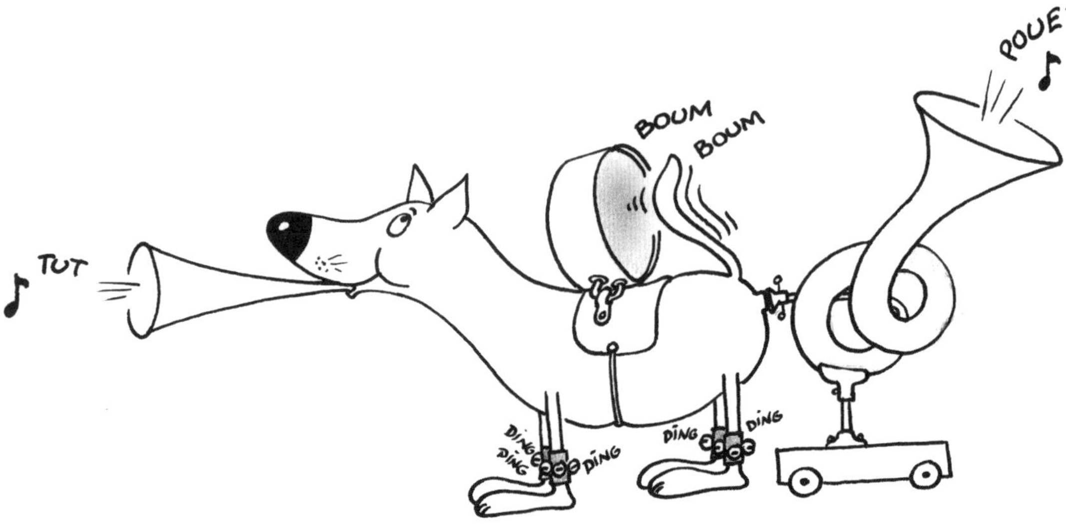

- CHIEN RESOLUMENT MELOMANE -

TU POURRAIS AVOIR LA POLITESSE DE RÉPONDRE QUAND JE TE CAUSE !...
JE ME SUIS DEGUISÉE EN CATWOMAN ET TOI ?
INVISIBLE MAN !

A L'AIDE !
HELP !
S.O.S

- LE CHIEN ABOIE MAIS
LE CAR À VANNES PASSE ... -

- AU ROYAUME DE L'AVEUGLE, LES BORGNES SONT TROIS -

VOLEUR !

NOUS DEUX ON EST DE BONS COPAINS...

– MINISTRE DU TRAVAIL S'INSTRUISANT SUR L'URGENCE D'ALLER DE L'AVANT... –

TU ES UN ESCARGOT GÉANT TOÏ ?
?

AVOUE !... C'EST TOÏ QUÏ AS MANGÉ MON OS, HEÏN ?
?

QUELQUE CHOSE NE VA PAS LES SIAMOIS ?
IL NE VEUT PAS SE RETOURNER !
ET MAINTENANT, ON FAIT QUOI ?
OSSO-BUCO
MILANO

HI-HI..HI J'AI DIT OSAKA, PAS OS EN CAS...

CE MONSIEUR JEAN DE LA FONTAINE, QUEL CON !!

?
ÇA T'ÉPATE HEIN ?

CHERIE, TU PEUX DEMANDER
À TON CHIEN DE NE PAS SE MÊLER
DE NOS PETITES QUERELLES ?

ON SE CONNAÎT ?

DIS DONC, MONSIEUR... OU MADAME, PEUT-ÊTRE, IL EST OÙ TON DEVANT DU DERRIERE ?

OUI, J'AI UN MAÎTRE COMPLÈTEMENT CON !

KESS TU FAIS ?
ON M'A ABANDONNÉ... JE DÉRACINE L'ARBRE QUI ME TIENT PRISONNIER PARCE QUE JE SUIS MALIN... TU FERAIS QUOI À MA PLACE ?
JE RONGERAIS LA CORDE...

MAIS T'ES QUI TOI ?
JE SUIS DE L'ART CONTEMPORAIN ET JE COÛTE TRÈS TRÈS CHER !
CADMOS DE THÈBES

TU SAIS, MON MIGNON, IL N'Y A PAS QUE LE SEXE DANS LA VIE!
OUI, MON CHOU, T'AS DE BELLES DENTS MAIS LE RESTE...

QU'IMPORTE LE BOCAL POURVU QU'ON AIT L'IVRESSE, HEIN...?
...ET BIEN MAL ACQUIS NE PROFITE JAMAIS, ETC...

MACHO!

C'EST ÇA, ÊTRE TOP MODEL ? ALORS, J'PRÉFÈRE PAS...

QUE VEUX-TU...
ON NE CHOISIT PAS
SES MAÎTRES !

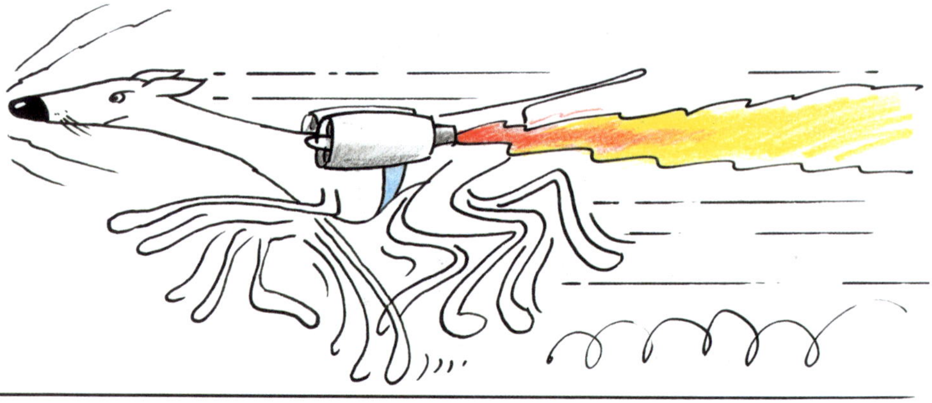

- LEVRIER À GRANDE VITESSE - (LGV)

JE TRAVAILLE À LA RUBRIQUE DES CHIENS ÉCRASÉS A "PARIS MOCHE" !

MOI, MA RACE C'EST PICASSO... ET TOI ?
MOI C'EST BACON...

SUIVANT !
1 Euro le pipi
€

CELUI QUI A FAIT LE DESSIN CI-DESSUS EST UN CON, FOI DE TECKEL !

SELON HUSSERL, MON EGO TRENSCENDENTAL EST UNE CONSCIENCE PURE, ABSTRACTION FAITE DE TOUTE DÉTERMINATION EMPIRIQUE... MON MAÎTRE M'A MARCHÉ SUR LA QUEUE ET TRAITÉ COMME UN CHIEN... QUEL COUP TERRIBLE POUR MON SURMOI DOMINATEUR DU MONDE PULSIONNEL DE MON ÇA !... DOIS-JE CONSULTER UN PSY OU FAIRE COMME SI DE RIEN N'ÉTAIT ?

- PERSONNALITÉS CHANGEANTES -

BEN TOI, QUAND TU AS ENVIE, TU NE FAIS PAS SEMBLANT ♫...

– CHIENTEL GOYA –

JE SUIS UN LOUP, P'TITE TÊTE !
ET MOI UN LOULOU GROSSE TÊTE !

OUI, BOF, ET ALORS ?

C'EST À QUEL SUJET ?
JE PEUX ?
ÇA Y EST, ÇA LE REPREND... JE VAIS ENCORE FAIRE SEMBLANT D'Y CROIRE...

ALORS, TU VEUX TOUJOURS ME CROQUER ? ALLEZ, VIENS ! VIENS...

TU AS MANGÉ QUOI À MIDI ?
QU'EST CE QUE ÇA PEUT TE FOUTRE !

POURQUOI IL DIT QUE J'AI DE BEAUX YEUX ALORS QU'IL NE LES REGARDE MÊME PAS ?

CANICULE, DU LATIN CANICULA, PETITE CHIENNE... NOM DONNÉ À L'ÉTOILE SIRIUS À L'ÉPOQUE OÙ ELLE SE LÈVE AVEC LE SOLEIL, CE QUI CORRESPOND AVEC LE DÉBUT DE L'ÉTE EN EGYPTE...
CRÉTIN...

ON PARTAGE ON PARTAGE ?
NON !

VA CHERCHER LA BABALLE VA CHERCHER LA BABALLE VA CHERCHER LA BABALLE... ET IL CROIT ME FAIRE BOUGER AVEC DES TRUCS AUSSI CONS ?

KESS KI T'ARRIVE ?
MON MAÎTRE SCIAIT DU BOIS SANS SES LUNETTES !

LA POLITIQUE C'EST L'ART D'OBTENIR LES OS DES RICHES ET LES SUFFRAGES DES PAUVRES, SOUS PRÉTEXTE DE LES PROTÉGER LES UNS DES AUTRES !...

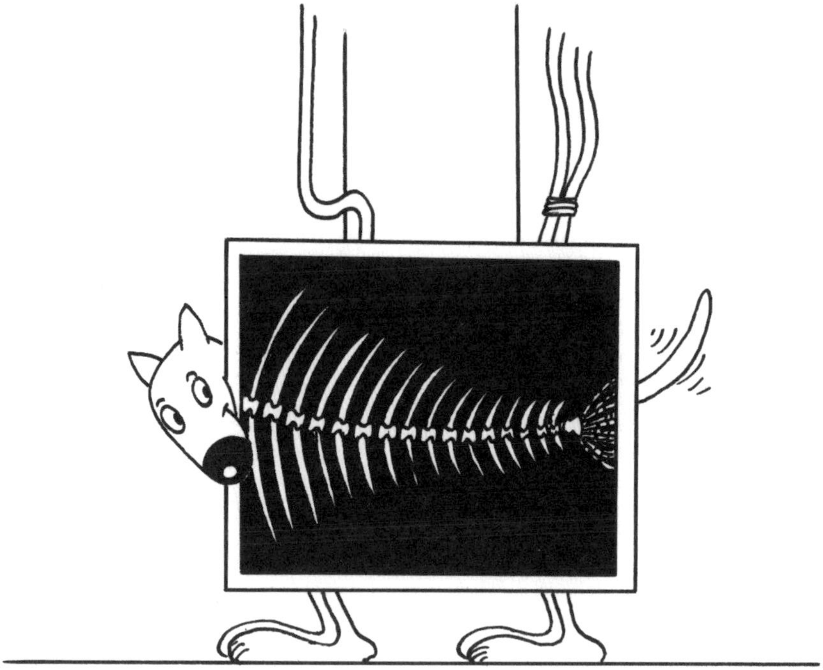

- CHIEN DE CHASSE -

- LA VOIX DE SON MÈTRE -

TU AS TROUVÉ UN JOB DANS LES DOUANES ? DÉPISTAGE DE LA DROGUE, DIS-TU ? C'EST FACILE ?
QUESTION D'ENTRAÎNEMENT !

MAIS J'AI ENCORE RIEN FAIT !
VACCIN

DIS, MADAME, ÇA VOUS FERAIT RIEN DE VOUS BAISSER UN PEU, J'Y ARRIVE PAS !

ATTENDS, MA POULE, EN VISANT BIEN, ÇA DEVRAIT POUVOIR SE FAIRE !
WAF WAF WAF !

POURQUOI TU MARCHES SUR LES MAINS ?

ÇA NE SENT PAS BON... KESS TU FAÏS, PLUME D'AÏGLE ?
J'ENVOÏE UN TEXTO...

POUR AVOIR L'AÏR INTELLÏGENT !

PUISQUE TU ES D'UNE HUMEUR DE CHIEN, CE SOIR TU TE FERAS CEINTURE !
TU FERAIS MIEUX DE LÂCHER PRISE !

ECOUTE, PETIT, FAUDRAIT VOIR À PAS ME MANQUER DE RESPECT !!

SÉ VÔ PLÊÊÊ
SÉ VÔ PLÊÊÊ
J'AI PAS TRAVAIL...
DONNEZ NONOS
POUR BÉBÉ...
SÉ VÔ PLÊÊÊ
OS

T'AS PAS DÉCROCHÉ LA LUNE, GROS NAÏF. C'EST JUSTE UN BALLON !

MAYBE YOU ARE A HOT DOG, BUT ME, J'M NOT CELLE QUE VOUS CROYEZ !

VOICI PAPA, LES ENFANTS...
ET DEPUIS QUAND LES CHIENS FONT-ILS DES CHATS ?

- AU BAL MASQUÉ -

- QUI VOLE UN ŒUF VOLE UN BOEUF -

– AVOIR PLUS GROS YEUX QUE GROS VENTRE... –

- CHIEN ASSIS QUI SE PREND POUR UN CHIEN ASSIS... -

JE NE SUIS PAS UN OURS MAL LÉCHÉ !... JE NE SUIS PAS UN OURS MAL LÉCHÉ !... JE NE SUIS PAS...
TU L'ES ET TU NE ME FAIS PAS PEUR...

BOUGE PAS... ÇA Y EST, JE LE VOIS... IL EST LÀ AU FOND DE TON ESTOMAC...
JE VAIS ALLER LE CHERCHER !

BON, ON EN RESTE LÀ OU ON PASSE À L'ACTE ?

TOUT S'EXPLIQUE:
IL A UNE ARAIGNÉE
AU PLAFOND!

COMMENT ÇA, JE
T'INTÉRESSE?

– DESSINS DE MÔMES –

T'ES SÛR QU'IL NE VOIT RIEN ?
PUISQUE JE TE LE DIS...

À MOI !
À MOI !
ELLE EST À MOI !
À MOI !
À MOI !
À MOI !
À MOI !
À MOI !
À MOI !
À MOI !
À MOI !
À MOI !
À MOI !
MON CŒUR EST À PAPA...